DE LA

SOCIÉTÉ SAINT-SIMONIENNE,

ET DES CAUSES QUI ONT AMENÉ SA DISSOLUTION,

PAR JEAN REYNAUD.

PARIS.

AU BUREAU DE LA REVUE ENCYCLOPÉDIQUE,
Rue des Saints-Pères, N° 26.

PAULIN, PLACE DE LA BOURSE.

1832.

DE LA

SOCIÉTÉ SAINT-SIMONIENNE,

ET DES CAUSES QUI ONT AMENÉ SA DISSOLUTION ,

PAR M. JEAN REYNAUD.

EXTRAIT DE LA REVUE ENCYCLOPÉDIQUE.
JANVIER 1832.

PARIS.

AU BUREAU DE LA REVUE ENCYCLOPÉDIQUE,
RUE DES SAINTS-PÈRES, n° 26.

1832.

REVUE ENCYCLOPÉDIQUE.

La livraison de JANVIER 1832, formant un volume de 250 pages, vient de paraître.

Elle contient les articles suivans :

1. De la Tendance nouvelle des idées.
2. De la Société saint-simonienne, par *Jean Reynaud*.
3. Les trois Principes : Rome, Vienne, Paris, par *Charles Didier*.
4. Considérations sur les finances de la France et des États-Unis, par M. *Emile Pereire*.
5. Des Variations de la taille chez les mammifères et dans les races humaines, par M. *Is. Geoffroy-Saint-Hilaire*.
6. De l'Éducation publique, par M. *E. Souvestre*.
7. Fragmens sur la Valachie, par Mlle *Adélaïde Montgolfier*.

L'ANALYSE DE CINQUANTE-HUIT OUVRAGES de sciences et de littérature, dont 2 américains, 7 anglais, 9 allemands, 1 suisse, 10 italiens, 2 belges, 7 français.

BULLETIN SCIENTIFIQUE ET LITTÉRAIRE. — Cours de philosophie de M. Jouffroy ; — Séances de l'Académie des Sciences pendant le mois de janvier 1832 ; — Société géologique de Londres ; — Société linnéenne de Londres ; — Société zoologique de Londres ; — Société anthropologique de Paris ; — Observatoire de Bruxelles ; — Expédition archéographique en Russie ; — Arsenal maritime d'Alexandrie ; — Système pénitentiaire en Suisse ; — Travaux de l'Anio à Tivoli ; — Ruines de Solunto en Sicile ; — Lettre sur les théâtres de Paris ; — Notice nécrologique sur Soden.

La publication de ce recueil avait éprouvé des retards que les nouveaux éditeurs vont faire cesser. Les livraisons de *février*, *mars*, *avril*, paraîtront de quinze jours en quinze jours.

A partir du 1er *mai*, la REVUE ENCYCLOPÉDIQUE *paraîtra tous les quinze jours*, le 1er et le 15 de chaque mois. Ce recueil recevra ainsi un intérêt plus vif, sans rien perdre du caractère encyclopédique qui lui a valu sa réputation en Europe depuis treize ans.

Malgré les frais occasionés par ce nouveau mode de publication, on a la faculté de s'abonner, *sans augmentation de prix*, pour toute l'année 1832.

PRIX DE L'ABONNEMENT.

A Paris.	46 fr. pour un an ;	26 fr. pour six mois.
Dans les départemens. . .	55 »	30 »
A l'étranger.	60 »	54 »
En Angleterre.	75 »	42 »

A partir du 1er mai prochain, pour Paris et les départemens, et du 1er juillet pour l'étranger, le prix de l'abonnement sera augmenté.

On s'abonne à Paris, RUE DES SAINTS-PÈRES, N° 26.

Lorsque le mouvement de propagation des doctrines saint-simoniennes commença à s'étendre hors de Paris, nous saisîmes avec empressement, mon ami Leroux et moi, l'occasion qui nous était offerte de nous rendre à Grenoble et à Lyon pour y répandre l'intérêt des idées nouvelles. Pendant trois mois, tant par des séances publiques que par nos relations particulières avec les hommes les plus distingués de ces deux villes, nous nous sommes efforcés de diriger les esprits vers la discussion des nouveaux problèmes d'économie industrielle et vers les hautes considérations du progrès de l'humanité. Les doctrines que nous professions, et qui se trouvent résumées dans quelques discours imprimés et quelques articles du *Précurseur*, différaient sur plusieurs points de celles qui, sous le nom général de Saint-Simon, étaient enseignées par *le Globe*, mais demeuraient toutefois d'accord avec elles sur les bases fondamentales. Aujourd'hui la religion saint-simonienne s'est transformée en une théorie toute nouvelle dont nous ne pourrions partager la responsabilité qu'en abjurant les principes que nous avons consciencieusement émis devant tous. Si nous avons appelé de tous nos vœux l'amélioration des classes prolétaires, nous n'avons jamais pensé qu'elle pût être le prix d'une dégradante soumission, et l'accroissement de leur dignité et de leur indépendance nous a toujours paru chose plus précieuse encore que l'accroissement de leurs jouissances physiques et de leur bien-être matériel.

Notre but, surtout à Lyon, a constamment été de montrer aux hommes pour lesquels de tels enseignemens pouvaient être profitables, quelles immenses ressources demeuraient étouffées au sein de ces masses laborieuses, et quelle terrible puissance pouvaient y éveiller le dénuement et l'humiliation. Une répartition plus équitable des richesses produites par le travail de cette importante partie de la nation sera toujours l'objet de nos désirs; mais nous ne permettrons jamais qu'une aussi légitime ambition devienne le voile de tentatives immorales; c'est pourquoi nous avons protesté contre la société saint-simonienne lorsque son chef a voulu abriter ses théories sous la protection du nom de prolétaire.

Aujourd'hui nous adressons cette note aux personnes avec lesquelles nous nous sommes trouvés en relation, pour les éclairer sur la dispersion réelle de l'ancienne société saint-simonienne et pour que la similitude apparente du nom ne les égare point sur la dissemblance fondamentale des idées.

- Dans le cours de notre mission une seule personne fut attachée à la société et chargée de continuer à Lyon l'enseignement des idées saint-simoniennes; cette personne s'étant retirée de la hiérarchie a été remplacée par deux jeunes gens envoyés de Paris, qui forment ce que le *Globe* continue à nommer l'*Église de Lyon.*

A Grenoble, nos amis sont toujours demeurés indépendans de tout lien hiérarchique.

DE LA
SOCIÉTÉ SAINT-SIMONIENNE.

Un fait nouveau, saillant, original, a seul marqué cet instant d'hésitation et d'attente qui a suivi le choc imprévu de la dernière révolution : c'est le développement de la Société saint-simonienne. En tous lieux, à la chaire, à la tribune, au palais et au théâtre, dans les salons, dans les clubs, dans les ateliers, l'air a été vaguement rempli du nom de ce philosophe sorti du silence de la tombe à la première lueur de cette confuse aurore qui commence à éclairer les ténèbres. Il était assurément remarquable de voir cette crise populaire, qui avait brisé le trône et ébranlé l'autel, faire soudainement surgir une doctrine nouvelle, et cette atmosphère lourde et fatigante, qui répandait partout l'abattement et l'immobilité, lui donner mouvement et nourriture.

La recherche de l'origine de ce phénomène, et l'appréciation de sa valeur et de son étendue, sont des problèmes dignes de l'attention des hommes qui ont appris à considérer gravement tout ce qui se rattache aux questions sociales, et qui savent qu'il n'est pas plus de singularités dans l'histoire que de bizarreries dans la nature.

Je vais essayer de montrer, par un examen rapide, et sans pénétrer trop avant dans la profondeur des questions, comment la mission dont se sont emparés dans ces derniers tems les saint-simoniens résultait du nouveau besoin de progrès qui se faisait sentir ; ou comprendra alors comment leur tâche s'est trouvée accomplie, et par suite le lien de leur association anéanti, du jour où ils ont eu terminé leur large et hardie proclamation des problèmes nouveaux que les sociétés doivent résoudre.

Long-tems les philosophes qui vivaient parmi la société ont porté sur elle leurs méditations et leurs calculs, toujours la considérant telle qu'elle était, et ne s'apercevant point que ce tourbillon, au milieu duquel ils avaient été jetés, s'avançait en les entraînant avec lui ; comme ces astronomes qui étudiaient le ciel sans mettre en doute la stabilité de la terre, parce que dans sa course elle les emportait avec elle, et qu'ils ne la sentaient point se dérober sous leurs pas. Mais lorsque Galilée, portant au christianisme les premiers coups de la science, eut nié l'immobilité de la terre, les philosophes marchant à sa suite nièrent bientôt à leur tour l'immobilité dont les théories catholiques voulaient frapper l'humanité.

L'humanité se meut. Dans ce mot se résume ce qu'il y a de plus puissant et de plus vaste dans le génie du dix-huitième siècle. Le progrès de l'humanité est signalé ; mais quelle limite est posée à sa carrière? vers quel but se dirigent son instinct et sa persévérance? et comment fixer, d'une manière assurée et authentique, par de simples présomptions philosophiques, le point immuable vers lequel elle s'avance?

Une grande nation s'est levée, et se livrant elle-même tout entière à la théorie, pour lui servir d'expérience vivante et lui donner la sanction de sa voix et de sa volonté, a prononcé ce grand mot d'*égalité*, qui renferme la loi du mouvement et l'avenir du monde. Égalité ! c'est là le terme ; et, infatigable comme la terre qui, sans cesse portée en avant, abandonne à son orbite la trace des points qu'elle a quittés, et, dans sa marche gigantesque, s'avoisine chaque jour du sommet annuel de sa course, la société, conduite par sa tendance invariable, et ne perdant l'équilibre ni par les secousses ni par les balancemens, gravite incessamment vers le terme de sa destinée.

Cette égalité n'est point l'égalité tumultueuse des révolu-

tions populaires , ni l'égalité sépulcrale des réunions monas-
tiques : c'est cette profonde égalité des tems modernes, fondée sur
la diversité des individus et l'unité de la race; base de toute
association équitable, droit donné à chacun de vivre dès l'enfance,
parmi ceux qui l'entourent, au vrai titre de son mérite et de sa
valeur. En partant de cette large définition , négation complète de
tout privilége de faveur ou de naissance, il est facile, lorsque l'on
promène un regard impartial sur les combinaisons qui constituent
la société qui nous environne, de reconnaître en avant du but
bien des travaux, bien des années. Tous les pas doivent être pro-
gressivement franchis, et vouloir faire bondir tout d'un saut
l'humanité, pour la jeter sans transition à ce but éloigné qu'elle ne
fait que d'entrevoir, serait méconnaître le progrès tout autant
que les apôtres de la stabilité. Le tems qui paraît long à l'horloge
de l'homme souvent est court à celui de l'humanité : aux grandes
masses les grands mouvemens, et aux grands mouvemens les
grandes durées. La vie civile et la vie morale marchent d'ensemble, et un homme se modifie plus en un jour qu'un peuple
ne se modifie en un siècle; mais au cœur d'un peuple l'éducation
jette des racines de chène, et ni vers de terre ni tempètes du ciel
n'ont d'action contre elles. Une idée nouvelle, c'est une position
nouvelle; et quand l'idée est saisie, la position est bientôt prise,
et n'est abandonnée que pour la position plus haute qui lui jette
son ombre.

Cette grande pensée des tems modernes, cette pensée directrice
assurée du mouvement des nations, n'est plus aujourd'hui la
propriété exclusive des penseurs et des philosophes ; elle est versée
dans l'atmosphère comme la lumière du ciel, l'air de France en
est imprégné et en nourrit ses enfans, et le caprice des vents en
promène la semence sur le monde. Ce n'est plus une opinion
théorique qu'il soit permis de refuser ou de discuter, c'est une
loi, et une loi parée de toute la solennité de l'acclamation d'un
grand peuple; ses adversaires les plus opiniâtres n'osent pas élever contre elle une voix pleine, et la battre hardiment dans sa

base ; ils ne peuvent s'attaquer au principe qui les pousse, et, se rejetant au détail, ils défendent pied à pied leurs lambeaux de terrain ; mais la loi se déroule en une série dont chaque article, germe de celui qui lui succède, et conséquence de celui qui le précède, arrive impérieusement à son tour, et impose son ordre. L'égalité, impassible comme la mesure du tems, poursuit sa route du même pas à travers le calme et la tempête, et quand l'aiguille, qui entraîne à sa suite tous les regards et donne à l'opinion publique sa règle et sa direction, s'arrête un instant dans le cercle qu'elle parcourt, empêchée par l'obstacle d'un privilége, l'heure de mourir sonne pour le privilége, et l'aiguille reprend sa marche.

Les sociétés de l'antiquité et du moyen âge étaient fondées sur le principe de l'inégalité ; nous avons proscrit le principe de nos pères, mais nous n'avons point encore entièrement rompu avec leur héritage. Ce que nous nommons priviléges de naissance étaient des modes d'organisation résultant du pacte social ; et, sous peine d'anarchie, nous ne pouvons les effacer que le jour où la civilisation a puissance de les remplacer par des modes nouveaux basés sur le principe nouveau, l'unité de la race et l'égalité des droits. Ainsi les législateurs élus par le consentement du peuple, forts d'avenir, ont étouffé de leur crédit les législateurs héréditaires, débris caducs de féodalité ; ainsi une légitimité de convention est venue se placer, comme un anneau de transition, entre la légitimité par volonté divine et la légitimité par volonté populaire.

Tout privilége porte en lui un germe de mort, qui se développe à mesure que l'association se perfectionne ; il importe donc à la sécurité et au progrès des sociétés de remonter à l'origine de toutes choses, et de marquer à l'avance ce qui, dans leur constitution, dérive de l'inégalité. Les hommes prudens visitent avec soin les fondations des édifices, donnent l'éveil sur les colonnes chancelantes, soutiennent le faîte, et se hâtent de préparer l'appui nouveau. La question préalable est donc de déterminer la relation de privilége ; la question définitive, de produire la relation d'égalité.

Lorsque l'on réfléchit sérieusement sur ce caractère moderne des sociétés, si passionnées de travail, si riches d'industrie, et que l'on pèse l'immense puissance qui se rattache autour du droit nommé propriété, il s'établit promptement en l'esprit une comparaison entre cette force industrielle abandonnée au domaine privé des citoyens propriétaires et la force militaire abandonnée, durant le moyen âge, au domaine seigneurial des nobles féodaux : même puissance sociale remise au hasard de la naissance, même droit de maître sur la direction des hommes tenus à la solde ou au salaire, même guerre d'usine à usine et de château à château, même honte à celui qui faillit et à celui qui tombe, même fortune et même honneur à celui qui domine et ruine ses voisins par le combat ou par la concurrence.

Ce droit naturel, qui dans son essence doit être une extension mesurée de la personnalité de l'homme sur la matière du globe, devient, par l'arbitraire qui préside à sa répartition, une extension déréglée de la personnalité de l'homme sur celle d'autres hommes. La propriété envisagée de haut est, en quelque sorte, le pacte d'association entre l'homme et la terre, et son existence est une des conditions physiques de l'existence de l'humanité à la surface de sa planète : mais le principe philosophique demeure seul impassible et stable, et traverse les âges ; le mode, soumis à une perpétuelle transformation, varie comme l'esprit des peuples. Les codes, qui se renouvellent, imposent à la transmission et à l'usage des lois nouvelles ; et notre dix-neuvième siècle, qui repousse les servitudes du moyen âge, en est encore à la troisième phase de l'esclavage antique.

Les esprits les plus sages conviennent que cette organisation féodale du travail forme entre notre association et celle de l'avenir la différence la plus frappante et la plus générale. Mais comment combler ce fossé si profond et si large ? par quel réglement de justice remplacer le caprice du hasard ?

Il est assurément naturel de comparer à une vaste enceinte

d'atelier ce sol de France sur lequel naissent tant de richesses; il n'est pas de limite à l'étendue que doit occuper une usine. Dès-lors tout invite également à communiquer au pays cet ordre industriel qui fait prospérer l'atelier. Mais aujourd'hui nulle harmonie entre tous ces travaux qui germent, grandissent, chancèlent ou meurent à l'aventure : partout désaccord, désassociation. Au lieu de cet assemblage de travaux incohérens, conduits uniquement par un caprice aveugle ou une concurrence effrénée, ruineux exemple pour tout établissement qui serait assez insensé pour en oser imiter l'imprudente liberté et la folle anarchie, se présente aisément à l'esprit la conception d'une sage et intelligente harmonie : la distribution des instrumens remise aux mains de maîtres habiles, régulateurs éclairés de la production, élus parmi les plus capables, coordonnant les efforts vers un but convenu, rétribués au titre commun, celui du travail accompli.

Cette activité toute pacifique des sociétés modernes, avides de richesses, non plus par la conquête mais par l'industrie, ne se déploiera avec assurance que lorsqu'elle sera basée sur une association vraiment physiologique de ces membres si variés et si nombreux qui la produisent. La destinée de l'humanité, à la surface de ce globe qu'elle change et embellit sans cesse, promet à ses travaux industriels une importance plus grande encore, dans l'histoire du monde, que celle des travaux guerriers de son premier âge. Si le despotisme des priviléges de la naissance a pu marcher de pair avec la brutale domination du glaive, il doit cesser aujourd'hui qu'il n'est plus besoin de l'ambition des rois ou des haines nationales pour rapprocher les peuples et mélanger leurs progrès. Que l'égalité, qui a déjà étendu sur les armées civilisatrices de la France populaire son nouveau principe d'ordre et de justice, généralise son bienfait, et soit la règle du peuple dans sa vie à l'intérieur, comme elle l'est déjà dans sa vie à l'extérieur.

Égalité, liberté, association, sont les trois faces du problème fondamental des sociétés humaines. Pour arriver à la vérité, il faut arriver à en saisir l'ensemble : car chacune d'elles envisagée isolément demeure imparfaite et conduit au désordre; et, pour l'humanité, le désordre est l'erreur.

Mais est-il possible à un législateur, par le seul enfantement d'un code réglementaire, de changer subitement les relations qui constituent notre association, et de lui communiquer immédiatement ce mouvement que le philosophe entrevoit dans l'avenir et annonce au présent? La parole de l'homme ne possède pas, comme celle du Dieu de Moïse, la puissance de faire jaillir une soudaine lumière à son commandement : la parole de l'homme s'adresse à l'homme, elle est le fluide par lequel sa vie se répand et s'échange; mais ce n'est que par une longue communication que l'aimantation se produit et se propage ensuite de proche en proche. Notre volonté ne saurait modifier directement la nature de la masse, il faut qu'elle modifie d'abord la nature des élémens qui la composent. Il en est des mouvemens et des apparences des sociétés humaines comme des mouvemens et des apparences des corps matériels : on les prend d'abord confusément pour une propriété de la masse; mais, par une étude profonde, on reconnaît qu'ils ne sont que la conséquence directe de l'état particulier des élémens moléculaires; et ce n'est qu'à la condition de pouvoir agir sur les forces intimes qui animent les élémens, que l'on peut agir sur les caractères extérieurs de la substance et la rendre capable d'un nouvel ordre de phénomènes. La nature des élémens qui composent les sociétés humaines est soumise à une lente et continuelle variation, et le progrès de l'organisation générale marche de concert avec le progrès du sentiment individuel et en réfléchit toutes les phases.

L'inégalité de la naissance, cette vieille table de la loi, perd chaque jour de son autorité; le tems l'efface et l'use, mais il n'est point de choc si violent qui puisse l'abattre et la briser. Pourquoi enlever le privilége héréditaire, si la société ne connaît encore que le privilége de faveur qui puisse le remplacer et combler la lacune? C'est le privilége qui doit disparaître : naissance ou caprice, l'iniquité demeure toujours. Il faut que le sentiment moral renaisse ; il faut qu'une ère nouvelle de vertu et d'honneur sorte du peuple, et étouffe sous sa jeune vigueur la corruption de notre décadence monarchique ; il faut que chacun apprenne à contempler avec respect la société qui lui donne asile, et à sentir religieusement en lui la dignité de sa position parmi les autres hommes : jusque-là, si la fonction sociale est un jeu, et la magistrature un habit de parade, qu'importe que la distribution en soit faite au hasard? et qu'importe même la capacité? elle est sans garantie, quand elle est sans conscience. Mais il faut aussi, au milieu de cette immoralité qui semble étendue sur la société tout entière parce qu'elle en couvre toutes les hauteurs, ne pas laisser échapper l'espérance, et, malgré la triste expérience, conserver assez de force au cœur pour croire encore à la vertu. Ce secret enfantement d'une religion nouvelle, qui travaille sourdement notre âge ; cet amour des masses, qui emplit de sa chaude ardeur les ames vierges encore de la honteuse pratique de nos mœurs ; ces travaux de la philosophie européenne, ouverts comme d'instinct sur la même route et nourris de la même essence ; cette condition du peuple, s'approchant chaque jour, dans les pays les plus civilisés, du dernier terme de l'abomination ; et cette terrible question de l'accroissement exagéré de la population pauvre qu'on ne peut débattre sans blasphème, à moins d'y joindre l'espoir d'une organisation nouvelle ; tous ces signes des tems qui s'assemblent devant nous, avec tout l'appareil de la majesté prophétique, n'ont-ils pas une voix haute qui annonce que de grandes questions sont venues à l'humanité, et que le génie des hommes est convoqué pour les résoudre?

L'Allemagne, avec ses merveilleuses richesses et ses pensées profondes qu'elle dérobe à nos regards dans le mystère de son langage, Orient moderne qui, semblable au phénix, germe du sein des cendres inanimées de l'antique Orient, l'Allemagne, qui touche à nos fleuves et s'appuie à nos montagnes, et dont la voix étrangère emploie des années pour venir jusqu'à nous, l'Allemagne commence à s'entr'ouvrir et à nous dévoiler les sanctuaires de sa philosophie. Grande et hardie dans ses travaux, et se livrant au mouvement d'idées qui entraîne l'Europe dans des voies nouvelles, elle est venue aux questions par la base, laissant à l'avenir le soin de façonner le détail; et par l'essor de sa prompte logique elle a pris une haute avance sur ceux qui, méditant des essais, ne songent pas que dans une voûte on ne peut changer la forme d'une pierre sans changer à la fois la voûte tout entière. Dieu est l'origine de toutes choses, et vers lui remonte toute pensée humaine. Comment les hommes conserveraient-ils le même Dieu, lorsque pour eux l'univers a pris de nouvelles formes et de nouvelles mesures? Comment le Dieu qui ordonnait la société ancienne ordonnerait-il la société nouvelle? La terre est toujours le reflet du ciel, et le ciel ne saurait varier sans que la terre ne varie à son tour et ne se mette en harmonie avec lui. Mais de même qu'il faut des siècles pour que la lumière qui descend des étoiles arrive jusqu'à nous et nous apporte le tableau des régions célestes, de même il faut de longues années pour que la lumière théologique atteigne à ses dernières conséquences et réalise l'ordre social nouveau. Cette lenteur apparente n'épouvante que ceux qui séparent leur vie de la vie de l'univers, rapportant tout à eux-mêmes, jugeant tout en eux-mêmes, toujours méprisant ce qu'ils dominent; et s'anéantissant devant ce qui les dépasse : ceux-là seuls comprennent le tems qui savent qu'il transmet fidèlement d'âge en âge les vérités qu'on lui confie, et que la vie de l'humanité est une chaîne dont il ne brise pas les anneaux.

Les sages de l'Allemagne ont porté leur esprit plus avant que nos philosophes, qui avaient renversé le culte catholique; que nos politiques, qui avaient renversé l'organisation féodale; que nos républicains, qui pensent fonder une société sur l'athéisme; que nos néo-chrétiens, qui veulent que l'humanité atteigne le dernier terme de sa destinée, toujours sous la main du Dieu de la Genèse.

Ils ont vu qu'il n'était pas logique de parler de perfectibilité en présence de la chute de l'homme, et d'abolition du privilége de la naissance en présence du péché originel; ils ont senti que c'était une étroite idée que de s'obstiner à ne pas sortir de notre généalogie judaïque, de ne vouloir accepter de tous les trésors de l'Orient qu'un seul livre, et de ne rattacher notre Europe à l'immense Asie que par une incertaine alliance avec une tribu de ses déserts; alors ils se sont tournés vers ce tronc antique de l'humanité qui dérobe à nos regards ses racines mystérieuses, et, reconnaissant que cette tige qui nous supporte, et que nos pères prenaient pour un grand arbre, n'était qu'un rameau à demi perdu dans le feuillage, ils ont compris que nous devions marcher à l'avenir non-seulement par le secours de l'héritage de nos aïeux, mais par celui de l'héritage de la famille humaine tout entière.

Ainsi s'est trouvée rattachée aux questions les plus élevées cette tendance invincible des sociétés modernes à se constituer sur un ordre nouveau; l'idée de perfectibilité a pris racine dans l'idée de création continue, et l'idée d'égalité des hommes sur la terre dans l'idée de l'unité de la substance universelle.

En France, le mouvement philosophique du dix-huitième siècle ne continua pas long-tems sa marche tranquille et régulière; la nation, docile à la voix qui avait proclamé la déchéance des rois, se leva, au milieu de l'Europe en tumulte, pour frapper l'antique royauté; entraînée par cette ardente activité, qui fait que chez elle l'action s'élance toujours prompte et hardie à la suite de la pensée, elle passa tout entière de la paix à la guerre. La révolution française était le geste qui accompagnait la parole des philosophes. Mais l'œuvre était inachevée; car il ne suffisait pas d'avoir rompu avec le passé, il fallait nouer avec l'avenir; le grand mot de perfectibilité avait été prononcé, il fallait en sentir l'étendue et en étudier les conséquences; de glorieuses destinées avaient été promises à l'humanité, il fallait comprendre leur réalité, et s'organiser pour les atteindre. En un mot, pour continuer la politique de nos pères, il fallait pouvoir continuer leur pensée, et, pour développer leur révolution, il fallait commencer par développer les principes qui lui avaient donné naissance. Le dix-huitième siècle avait eu sa philosophie et son progrès social, le dix-neuvième siècle pour un progrès nouveau devait fonder une philosophie nouvelle. La convention avait élevé des autels à l'égalité, mais comme Athènes en avait élevé au dieu inconnu, par un sublime pressentiment ; en abattant l'aristocratie patricienne, elle avait laissé la place à l'aristocratie des plébéiens affranchis.

Au milieu de ce prodigieux mouvement de guerres et de conquêtes qui entraînait tous les esprits comme en un vertige, un homme comprit que cette ère républicaine, qui prétendait succéder à l'ère chrétienne et ouvrir à son tour la porte des siècles, était plutôt une fin qu'une origine : cet homme était Saint-Simon. Doué d'un génie d'investigation remarquable, homme de raison plus que de sentiment, conduit par les idées scientifiques bien plutôt que par les idées religieuses, il reconnut que la pensée générale sur laquelle avaient été fondées les sociétés du moyen âge était épuisée, et que pour terminer la crise révolutionnaire dans laquelle l'Europe tout entière se trouvait jetée par suite de la rupture du principe de l'inégalité, il fallait arriver à une pensée fondamentale nouvelle. Eclairé par cette lumière, fruit d'une sage appréciation de l'histoire, mais ne sentant pas en lui la force de produire ce qu'il avait eu la force de concevoir, il promena infatigablement sa recherche parmi les travaux philosophiques de l'Angleterre et de l'Allemagne, pour y découvrir les élémens qui devaient servir à résoudre ce grand problème. Semblable à Archimède méditant au milieu du désordre et de la confusion, il rêvait la science générale alors qu'autour de lui on se divisait avec emportement sur la mécanique ou l'idéologie. Incertain, marchant de chute en chute, mais à chaque chute, disait-il, se relevant plus fort, pénétré comme à son insu de l'esprit qui s'échappait des masses et montait jusqu'à lui, sous la période de l'empire, il songeait à régénérer la société par la science ; sous celle de la restauration, venant de plus près au cœur du peuple, l proclamait l'avénement de l'industrie. Après avoir ainsi ébranlé toute cette longue série de problèmes, toujours entraîné de l'un à l'autre par l'invincible puissance de la logique, toujours sentant l'harmonieuse unité vibrer tout entière quand il pensait porter la main sur une corde isolée, au terme de sa longue carrière, il aperçut enfin l'immense vérité se dresser confusément devant lui. Dieu était là ; il écrivit le *Nouveau Christianisme.*

Mais pour lui la vérité demeura nuageuse et enveloppée ; il disait que l'âge d'or était en avant et non pas en arrière, et, ne sentant pas toute la portée de sa doctrine, il croyait pouvoir s'arrêter à l'Évangile, alors qu'il attaquait audacieusement le principe de la chute qui dominait celui de la rédemption. Sa longue persévérance avait rassemblé les élémens dont le rapprochement devait faire jaillir la première étincelle, mais il ne lui fut pas donné d'en exprimer la lumière : sa part était assez grande pour que sa place fût glorieuse. Prométhée a pu conquérir le feu du ciel et en doter l'humanité du premier âge, mais l'humanité de nos jours ne vit pas des bienfaits d'un homme, et grandit par l'effort de chacun de ses membres ; le foyer sacré n'a plus ni prêtres ni victimes ; ouvert à tous, il s'alimente du travail de tous.

Aussi, en réalité, Saint-Simon, bien que peu compris de ses contemporains, n'accomplissait point une œuvre solitaire ; sous mille aspects en apparence divers, les grandes questions commençaient à se laisser entrevoir ; des champs immenses s'ouvraient devant le dix-neuvième siècle, qui jusque là n'avait eu devant lui que fantômes et ténèbres ; le mouvement philosophique, un instant interrompu par la secousse politique, avait repris sa marche ; les anneaux qui devaient servir à rattacher la France au mouvement d'idées de la grande Allemagne se préparaient dans le silence ; et le moment était proche où les esprits les plus élevés, lassés enfin de la creuse métaphysique des doctrines anglaises, comprendraient qu'il fallait puiser l'avenir à une source plus vaste, et porteraient, en toute liberté, à la doctrine du progrès, le tribut de leur élan et de leur activité.

L'humanité, dans son développement, n'obéit point passivement à la voix des hommes qui tour à tour viennent commander ses larges évolutions ; il semble que l'esprit qui imprime le progrès se répande mystérieusement sur les masses avant qu'aucune parole humaine retentisse ; de toutes parts la pensée, comme soumise à cette secrète influence, se tourne vaguement et sans calcul vers le but nouveau : mais quand la voix éclate, tous la reconnaissent et vont à elle ; car c'est la voix de l'humanité prenant un organe, c'est le verbe qui se fait homme. Ainsi lorsque les oiseaux voyageurs se hâtent à grandes troupes et s'assemblent autour de celui qui le premier a fait entendre le chant du départ, ils obéissent à l'ordre des tems et à l'instinct qui les pousse, et non point à la voix isolée qui a donné le signal.

Nous nous proposons de revenir assiduement, dans la série de nos publications, sur toutes ces conceptions nouvelles, tous ces élémens spontanés qui demeurent épars et confondus parmi l'énorme amas de matériaux que produit l'esprit de notre âge. Ceux qui suivent avec attention ce tourbillon d'idées qui précède toujours la conception générale qui se répand sur la société, et qui comparent l'effervescence qui nous agite à celle qui agitait le dix-huitième siècle à son origine, savent quels germes puissans de vérités nouvelles sont déposés au milieu de cette confusion où nous sommes. L'objet de cet article demande seulement une indication rapide des points principaux auxquels étaient parvenus les hommes qui, dans leur travaux philosophiques, avaient continué la ligne ouverte par Saint-Simon.

Une portion de l'histoire des peuples européens, étudiée d'après la loi des périodes alternatives de religion et de criticisme, avait éclairé d'un jour assez vrai la position de la société à notre époque. La décroissance progressive de l'exploitation de l'homme par l'homme, la tendance vers l'association universelle qui en est la suite, se trouvaient manifestées avec une grande évidence, et le développement continu de l'exploitation du globe indiquait vivement la future importance de l'industrie. L'aspect de l'humanité de tous tems portée à résumer ses connaissances dans une conception religieuse; le parallélisme de la chute du polythéisme et de la chute du christianisme, la nécessité de sortir l'industrie de l'état inférieur où la tenaient enchaînée les doctrines spiritualistes, avaient donné courage d'attaquer avec hardiesse l'important problème de l'essence de Dieu; et un panthéisme vaguement formulé avait été reconnu par la plupart comme devant former la synthèse la plus générale de la doctrine nouvelle. La marche providentielle de l'humanité vers l'association établissait, comme premier précepte de la religion sociale, l'amélioration des classes les plus pauvres, c'est-à-dire les moins avancées dans le progrès physique, intellectuel et moral; et la nouvelle organisation industrielle, fondée sur l'abolition de l'exploitation de l'homme par l'homme, c'est-à-dire sur l'égalité, commandait que tout privilége de naissance fût aboli; et que chacun fût classé suivant sa capacité et rétribué suivant ses œuvres. Ces principes généraux, dont la vérité et la justice étaient peu susceptibles de contestation, formaient les jalons indicateurs qui devaient assurer les pas de ceux qui tendaient vers l'avenir. Mais à moins de penser que le mouvement de l'humanité dût s'arrêter au dix-neuvième siècle, on ne pouvait les regarder comme susceptibles de réalisation immédiate; car ils aboutissaient au dernier terme du développement, à la limite du progrès.

L'école saint-simonienne avait donc principalement contribué à éclairer la position de la société, et à préciser les questions à résoudre : par là même elle était arrivée à pouvoir donner une règle aux recherches de l'esprit humain, en les dirigeant vers la solution de ces problèmes; et il était facile de prévoir qu'au premier accident qui rendrait de la vie à la politique, l'application de ses idées à la détermination des mouvemens sociaux deviendrait facile; car, si elle n'avait pas la fécondité de produire ce qui devait aider le progrès général, elle avait du moins la faculté d'indiquer ce qui lui était contraire, faculté négative, mais précieuse en des tems de désordre et d'incertitude. La politique républicaine disait que toutes les institutions devaient avoir pour but l'amélioration du peuple; l'économie politique saint-simonienne disait que ce but devait être l'amélioration des classes laborieuses : cette formule était assurément plus nette, puisque le mot peuple s'y trouvait défini, mais elle n'était que l'expression d'un vœu et non d'un réglement; ce n'était pas une loi, c'était un esprit nouveau à introduire dans le code futur. Le classement suivant la capacité, qui devait conduire à l'abolition des priviléges héréditaires, était également un principe à élaborer, et non un principe élaboré et prêt à se transformer en une application directe. Il y avait certainement beaucoup de vérité à dire que le meilleur classement serait fait par les plus capables; mais ce n'était pas résoudre la question du moment; c'était se transporter à une époque où elle aurait été résolue au moins une première fois. Par le seul énoncé du problème, il était facile de voir que l'hérédité de la pairie ou de la royauté ne pouvait que se trouver en contradiction avec sa solution quelle qu'elle fût, tandis que le mode du suffrage universel était, sinon une solution, du moins une tentative et une tentative satisfaisante jusqu'à un ordre moins confus. La même raison indiquait que l'hérédité de la propriété ne subsisterait pas davantage en présence de l'organisation nouvelle; mais, même sous le rapport immédiatement relatif à l'industrie, l'esprit social n'était point assez avancé pour être en état de fournir un projet de solution, car la nation n'aurait pas consenti à remettre la répartition de la propriété au choix de ses magistrats ou de ses assemblées.

Ce coup d'œil d'ensemble sur les idées générales qui se dégagèrent lors du dépouillement des œuvres de Saint-Simon suffit pour montrer quelle était leur importance et leur élévation à une époque où la plupart des esprits étaient exclusivement voués aux stériles sophismes de la pondération des pouvoirs ou de la métaphysique constitutionnelle. Leur résumé formait en quelque sorte l'introduction aux travaux philosophiques du dix-neuvième siècle : c'était l'annonce d'une doctrine complète, d'une doctrine religieuse ; car dans son germe on pouvait entrevoir déjà l'accord définitif du sentiment et de la raison. Mais ce n'était ni un Coran ni un Lévitique ; c'était une conception avec un cadre, une préface avec une table des matières. Quinze à vingt personnes étaient librement groupées autour de ce centre philosophique qui, depuis la mort de Saint-Simon, avait éprouvé de nombreuses variations ; et la petite école peu connue, peu bruyante, poursuivait sa tâche dans cette précieuse obscurité, mère du repos. Les idées communes formaient le lien, celles à débattre l'entretien, celles à éclaircir le travail ; et chacun, suivant sa pente ou son loisir, marchait à l'étude. Les champs ouverts étaient vastes et fertiles ; l'histoire, la théologie, l'économie politique, offraient à la méditation un avenir long et assuré.

Un événement imprévu, qui tout à coup vint remettre en question la stabilité des sociétés européennes et animer l'opinion publique d'une soif ardente d'améliorations populaires, fit sortir l'école nouvelle de sa paisible enceinte, et la jeta soudainement dans une activité qu'elle n'avait point connue jusqu'alors. La France, avec moins de violence qu'en 93, mais avec autant de résolution et d'assurance, fit entendre cette voix révolutionnaire qui publiait pour la seconde fois le ban de proscription de la féodalité ; et l'égalité victorieuse, surgissant du peuple, fit de nouveau flotter ses couleurs sur la bannière nationale. Mais les principes philosophiques qui avaient engendré la première révolution n'étaient point encore dégagés de leurs langes du dix-huitième siècle ; le mouvement spontané des esprits sous la restauration avait au plus abouti à ramener ces principes de l'exil où les avait rejetés la politique impériale ; et lorsque 1830 sonna, on entendit proclamer 89 et invoquer l'égide des vieillards.

La position était sérieuse et grave ; car si nos pères, malgré leur énergie, n'avaient pu nous assurer que la consolidation des droits de bourgeoisie, c'est qu'apparemment le développement de leur doctrine d'égalité ne s'était pas étendu plus avant ; et à moins de nous appuyer sur une théorie plus profonde, ce n'était que d'un pas chancelant et incertain qu'il nous était permis de nous avancer au-delà de la charte. Les hommes nous manquent ! s'écriait l'ambition de progrès frappée d'impuissance. Erreur ! les hommes ne manquaient pas, les principes seuls manquaient : malheur aux enfans qui reçoivent l'héritage de leurs pères et en vivent aveuglément, sans songer à l'accroître du fruit de leur travail et de leur savoir !

. Dans un tel moment d'effervescence et d'inquiétude, toutes questions relatives au progrès social devenaient questions du jour, et c'était un devoir à quiconque prétendait connaître quelque chose de la loi du mouvement de sortir du silence, et d'indiquer à tous, de la voix et du geste, la route de l'avenir. Nourrie des récits merveilleux des combats et des triomphes de ses pères, la jeunesse ardente défiait l'Europe au nom de la république, ne songeant pas que pour ses pères la république n'était pas un but, mais un moyen, et que c'était avec ce mot de féodalité qu'ils faisaient bondir la campagne et la jetaient aux frontières. Il fallait montrer l'organisation des sociétés fondée sur des considérations d'un ordre plus élevé que la responsabilité des agens du pouvoir et l'extension du droit électoral, montrer la misère imposée aux masses, non par les vices du système représentatif, mais par les vices du système industriel ; il fallait arracher les bandeaux et les voiles enfin, et montrer à tous ces plaies du berceau et ces meurtrissures de la chaîne de fer, apanage fatal de ces classes prolétaires que nous nommons le peuple ; il fallait jeter bas le sophisme et l'absurde, peser l'impôt réel, savoir combien de sueur humaine fait une livre d'or, et de qui est la sueur, en somme. Le progrès des nations ne s'improvise pas, et n'est pas chose si facile et si prompte qu'il devienne le prix de trois ours de combats; bien des révolutions de palais peuvent se jouer au travers d'une révolution sociale. Un mouvement social est une idée qui se développe, embrassant l'état du sommet à la base, et changeant la forme du trône, parce qu'elle change la forme du foyer domestique.

Si le mouvement de juillet était destiné à demeurer un accident isolé au milieu d'une période de transition, il y avait assez en lui cependant pour donner à tous une haute leçon, et leur enseigner que les armes n'ont puissance de mort sur un système que lorsqu'elles soutiennent un système nouveau plus complet et plus sûr. Une génération plus sérieuse avait grandi et demandait de plus sérieuses pensées; l'exemple de ces quinze ans perdus en d'oiseuses discussions lui tenait lieu d'expérience , et, réveillée par un choc imprévu , elle prenait place, les yeux fixés vers l'avenir. Ceux qui avaient pénétré le plus avant dans cette carrière de progrès ouverte à l'humanité par la déclaration de 89, qui avaient compris que l'égalité était le nouvel élément des sociétés modernes, et que le développement politique du dix-neuvième siècle était tout entier dans le développement philosophique de cet élément encore vague et confus, ne devaient point demeurer dans la retraite et la méditation solitaire, tenant leur travail dans l'ombre jusqu'à ce qu'il pût enfin se déployer à la lumière sans défaut et sans lacune. Jamais jours n'avaient été plus favorables pour porter, jusque dans le sein des masses l'intérêt des questions les plus avancées et les plus hautes; les natures les plus communes semblaient s'être élevées au-dessus du niveau habituel de leur vie, et, dans leur insatiable ardeur de nouveautés, avoir atteint la capacité des grandes choses. Les saint-simoniens se levèrent, et debout, devant tous, ils posèrent les questions nettement et sans détour. Leur but venait de changer; il ne s'agissait plus d'élaborer, mais de publier : leur habitude changea; il ne s'agissait plus de s'isoler, mais de se produire.

Une hiérarchie fut improvisée, des chefs furent reconnus, des travaux distribués, des fortunes dévouées; tout était prêt pour agir, et le mouvement nouveau commença à s'étendre. L'amour du même but tenait unis autour de la même tâche les esprits les plus opposés, et l'ardente activité qui les animait les entraînait par-dessus les vices d'un classement indistinct et à peine convenu. Sur les théories générales qui avaient conduit à la position des questions, sur la position des questions, ce vaste champ de discussion qu'il fallait ouvrir au public, tous étaient d'accord et marchaient de compagnie ; mais hors de ces limites tout était désordre, divisions, débats. Rien n'était convenu sur la manière dont l'humanité pourrait résoudre ces grands problèmes ; et chacun, guidé seulement par la voix du sentiment, laissait son espérance flotter vers le pouvoir ou vers la liberté. Aussi la collection d'idées nommée doctrine saint-simonienne était un ensemble insaisissable, variant de nuance de l'un à l'autre ; et *le Globe* lui-même, organe officiel du pouvoir, trahissait publiquement le défaut d'unité, et changeait de couleur suivant que la main de l'un ou de l'autre des deux chefs avait pesé plus ou moins sur celle du rédacteur. C'était surtout dans les missions destinées à éveiller l'esprit public dans les provinces, que chacun, témoignant consciencieusement de sa propre personne et de sa propre pensée, montrait dans tout son jour cette éclatante diversité. En Belgique, la première partie de la mission était toute philosophique et positive, la seconde toute mystique et religieuse ; à Paris, dans la même enceinte où une dévotion toute catholique à la sainteté du révélateur ressuscitait avec emphase les formules d'adoration de l'église ou de la synagogue, des discours politiques sur la guerre étrangère ou la législation intérieure ramenaient énergiquement la réalité, et transformaient périodiquement en un club populaire le tabernacle pontifical ; à Lyon l'hérésie était prêchée au nom de Saint-Simon, et les journaux libéraux eux-mêmes en étaient presque venus à réclamer pour les révélateurs hardiment ramenés au rang des philosophes (1).

____

(1) *Le Précurseur*, dans un article écrit avec beaucoup d'amertume et d'ai-

Cependant l'œuvre d'annonciation se poursuivait avec une persévérance soutenue. Nombre de partisans nouveaux étaient venus apporter le tribut de leurs efforts ; les ressources ne manquaient ni aux journaux, ni aux missions, ni aux enseignemens ; le nom de Saint-Simon retentissait de toutes parts, et la doctrine nouvelle, exposée en tous lieux, s'était étendue comme une invasion sur la campagne et sur la ville. *Le Globe*, au milieu des agitations et du mouvement politique, demeurait ferme à son devoir, répétant sans se lasser ses formules d'égalité, prêchant en toutes circonstances l'association universelle, le classement selon la capacité, l'amélioration des classes prolétaires, la distinction des travailleurs et des oisifs ; invariable dans son discours, et marchant à son but par l'éternel retour de ses éternels principes : rendre la doctrine proverbiale et en mettre le résumé dans toutes les bouches était un résultat qui compensait bien l'avantage d'une rédaction plus amusante et plus variée. La raillerie elle-même, qui ne tarda point à attacher ses grelots à tous ces lambeaux confusément pillés aux sacristies et aux autels, éveillait l'attention et devenait un auxiliaire utile ; en plus d'un salon, pour s'être pris aux risibles histoires d'une papesse ou d'un évêque, on arrivait bientôt à discuter sur les plus hautes questions de la philosophie et de l'histoire ; bien des gens qui se seraient enfuis avec effroi devant la moindre apparence de solidarité, se livraient avec ardeur à la propagation des idées les plus profondes, à l'abri de tout soupçon de connivence, grâce à une inébranlable protestation contre le mysticisme ou la hiérarchie.

Mais le travail qu'avaient entrepris les saint-simoniens, en

---

greur, le seul qui fut laissé sans réponse, dévoilant la tactique ambitieuse des chefs de la doctrine, prenait acte contre les saint-simoniens de ce que leurs missionnaires avaient enseigné à Lyon que, pour eux, *la révélation était l'opinion particulière d'un philosophe.* Le *Journal du Commerce* se plaignait également de ne pas rencontrer dans les discours des saint-simoniens envoyés dans cette ville le plagiat de l'ancienne forme religieuse.

'interrompant leurs études pour se livrer à la propagation des idées antérieurement acquises, devait avoir un terme; car leur doctrine n'était pas complète et avait elle-même son terme. Leur tâche devait se trouver achevée du jour où leur influence sur l'opinion publique aurait porté à la connaissance de tous les théories nouvelles, et préparé une portion de la masse à accepter la vue générale et la position des questions. Le germe de dissolution croissait donc dans le sein de la Société, et se développait à mesure que sa puissance grandissait et que le succès répondait à sa persévérance. Elle marchait confiante, contemplant sans crainte les obstacles qui se dressaient devant elle, mais ne songeant point aux précipices, et ne calculant pas que bientôt le terrain viendrait à manquer sous ses pas. Ce fonds commun, qui depuis un an ne s'était pas accru d'une seule idée et dans lequel on avait tant puisé, commençait à se tarir : l'esprit des chefs était ouvert sur une position si précaire, et ils avaient bien compris que, faute de pouvoir puiser une vie nouvelle dans une théorie plus profonde, il faudrait suspendre la hiérarchie et terminer le mouvement.

S'arrêter au milieu d'une course éclatante, et revenir humblement à l'étude; avoir rêvé la papauté universelle et la suprème direction du genre humain et se trouver réduit aux paisibles méditations de l'économiste ou du philosophe; avoir régné en dictateur, et abdiquer sans regret sa grandeur pour se replonger dans la foule, sont choses qui ne naissent point facilement en l'esprit; et il semble qu'il soit dans l'essence du pouvoir, même le plus chétif et le plus incertain, de faire naître autour de lui l'ambition et le vertige. Un parallélisme inflexible entre le catholicisme et le saint-simonisme, poursuivi depuis la révélation du mont Thabor jusqu'à la domination du Vatican, un envahissement exagéré des pensées de De Maistre et de Lamennais avaient érigé en principe l'unité du pouvoir absolu; l'humanité, fut condamnée à passer de la papauté catholique à la papauté saint-simonienne, et ni l'odieux ni le ridicule de ce nom décrépit ne furent, pour les chefs de la doctrine, empêchement à la prise de possession de ce titre bizarre : ils furent papes. Ce fut une vie nouvelle ; il s'agissait non plus, comme autrefois, d'enseignemens au public, mais de commandemens aux fidèles ; non plus de discussions à soutenir, mais de sacremens à administrer ; confessions, baptèmes et mariages formaient de pieux spectacles amenant à la file processions de dévots convertis. Il était moins question d'augmenter le nombre de ses idées, que d'augmenter le nombre de ses sujets, et un recrutement aveugle, lancé jusque dans le sein des classes ouvrières, permettait d'étaler dans *le Globe* de grands cadres et de fastueux recensemens. Sur les tableaux pompeusement offerts à la curiosité publique, on voyait la capitale divisée en sections et en arrondissemens, la province en métropoles et en églises, la Belgique élevée au rang de succursale, et l'Angleterre désignée pour une conquète prochaine.

La folle passion du pouvoir vient quelquefois frapper la fantaisie des hommes et maîtriser leur volonté, lorsque tout se dérobe autour d'eux et se refuse à satisfaire leur ardeur ; alors, comme il arrive à ces voyageurs surpris par la soif dans le sable du désert, leur esprit s'inquiète et se travaille, le monde réel échappe à leurs regards, et leur imagination s'épuise en songes trompeurs de contrées riches et riantes ouvertes devant eux. La direction suprème de quelques néophytes partagés par provinces bientôt fit place à une pensée plus brillante et plus vaste ; la France, avec son divin génie et sa puissante industrie, si belle avec les fleurs de ses douces campagnes et les trésors de ses villes populeuses, fatiguée et incertaine sous le feu de sa fièvre intérieure, la France, comme soutenue sur les ailes de l'ange tentateur, se balançait incessamment à cet horizon féerique, source intarissable de rèves dorés et de chimériques espérances. Le jour où les Tuileries pavoiseraient leurs pavillons pour l'intronisation des pontifes-souverains semblait se rapprocher d'heure en heure ; et chaque matin le journal officiel, à travers la transparence de ses prédictions guerrières ou pacifiques, laissait entrevoir le salut de la France associé à la domination pontificale de MM. Bazard et Enfantin.

Mais toutes ces bizarreries, tous ces capricieux écarts n'étaient qu'agitation à la surface, et la partie profonde de la propagation demeurait à l'abri et suivait paisiblement son cours ; le travail sérieux entrepris dès l'origine, qui seul, durant dix-huit mois de vie et de prospérité, avait entretenu le lien social, touchait à son terme, et, avec lui, tout mouvement extérieur devait cesser et s'éteindre.

Il n'était pas une ville importante qui n'eût été traversée par quelqu'une de ces nombreuses missions qui avaient sillonné la France ; les esprits avaient été tirés du cercle habituel de la politique routinière, et l'intérêt des hautes questions de l'humanité avait été réveillé chez le plus grand nombre ; *le Globe*, distribué à quatre mille exemplaires, avait porté ses formules jusque dans les villages, et ne trouvait plus d'enseignemens nouveaux ; les livrés et les brochures donnés, répandus, colportés comme des feuilles d'annonces, couraient comme d'eux-mêmes, et venaient à ceux qui désiraient pénétrer plus avant dans les principes de la doctrine nouvelle ; la science était épuisée, et l'imprimerie ne s'alimentait plus que de la répétition des mêmes ouvrages. La propagation saint-simonienne avait réussi au-delà de toute espérance, et son empreinte sur l'opinion publique était désormais ineffaçable ; la presse départementale, à son drapeau de liberté, unissait presque partout celui de l'amélioration des classes laborieuses ; l'école économique opposée à la souveraine concurrence était devenue, puissante, et ne manquait d'organes ni dans les ateliers du peuple, ni dans les salons de la bourgeoisie ; les esprits les plus avancés ne traitaient plus de folie l'idée religieuse, et comprenaient qu'elle offrait à la philosophie du dix-neuvième siècle une grave et profonde étude.

L'œuvre était terminée. Les hommes qui pour l'accomplir avaient momentanément réuni leurs voix et leurs efforts, devaient rentrer dans l'indépendance de la vie et le silence du travail philosophique. Les sociétés rencontrent toujours une limite infranchissable dans le tems qui se développe devant elles, et cette limite dans l'espace est celle qui correspond à la limite de l'idée qui leur a donné naissance; mais il importe peu à l'humanité qu'une société périsse, la vérité acquise lui demeure toujours, car la vérité n'est point chose qui dépende du tems.

La recherche de la vérité ne saurait être le lien d'une association hiérarchique. Ce n'est pas un travail dans lequel on puisse dès le début fixer chaque tâche et chaque méthode; les trésors de la science sont épars dans ce monde de l'ame, ce monde où chaque homme habite seul, et dont il n'est donné à personne de partager avec d'autres les immenses solitudes. Les découvertes philosophiques ne se font point de compagnie; lorsque Colomb appela des hommes à lui et les conduisit à travers le vaste Océan, la terre nouvelle était trouvée, le génie du grand homme planant sur les eaux embrassait déjà les deux rivages.

L'heure de la décadence était arrivée : il fallait une solution à ces problèmes si résolument énoncés depuis dix-huit mois; il fallait une doctrine. Alors chacun des papes, frappant d'anathème la tête de son ancien collègue, se posa chef suprême et révélateur de la loi nouvelle par droit d'hérédité saint-simonienne. Ce fut le signal. Les membres du collége, noyau primitif de l'ancienne école, reprirent, aux yeux de tous, leur liberté civile et leur droit individuel : le travail à accomplir pour demeurer dans la ligue du progrès était désormais tout philosophique, et ne demandait plus ni réglement ni contrat.

Dans le partage, la meilleure part demeura à M. Enfantin; la caisse, la maison, le journal furent à lui; quatre ou cinq membres de l'ancienne école continuèrent à rester groupés autour de lui, se rangeant non à son opinion, mais à sa personne; et enfin toute la puissance mécanique, voix, argent, activité, obéissance, qui formait une longue traînée à la suite de cet aimant de propagande si long-tems promené sur le sol, se trouva, après une

légère secousse, attachée de nouveau à son ancienne place , sé-
duite par l'habitude de la fidélité et le prestige du nom de Saint-
Simon. Le nouveau chef déclarait connaître, sauf quelques ad-
ditions de détail, la morale nouvelle, et ne demandait à ses
adeptes qu'une patience de quelques mois pour leur révéler son
dogme tout entier. Pendant long-tems le soupçon de cette doctrine secrète avait plané sur la société saint-simonienne ; mais
elle ne s'échappait du sanctuaire intime des deux pontifes que
par lueurs insaisissables et fugitives, et demeurait aux yeux des
pieux adorateurs de Saint-Simon comme ce nuage sacré qui , au
centre du camp des enfans d'Israël , enveloppait le faîte du tabernacle d'un voile mystérieux. Pour les autres, cette théorie in-
connue était sujet de sollicitude ou de défiance , non de dé-
couragement ou de crainte : de nos jours l'erreur , lorsqu'elle ne
se ronge point elle-même , n'est difficile ni à combattre ni à
vaincre.

L'examen du rêve bizarre conçu par M. Enfantin serait tout-à-
fait en dehors du but de cet article. Dans sa partie la plus sérieuse, c'est l'harmonie universelle commençant par un étêtement
général de l'humanité , et se complétant par un monstrueux
groupement de tous ces corps sans ame autour de la tête pontificale ; dans sa partie chimérique, c'est une fable qui dépasse la
limite des contes orientaux, une humanité en trois morales, et
sans doute en trois races comme une ruche d'abeilles, une imagination de fantastiques abbayes de volupté et de modernes conquêtes, à l'imitation de Bacchus, avec des bacchantes et des
fleurs ; quant à la partie ridicule, elle se déploie d'elle-même avec
une si fastueuse abondance, que *le Globe*, chaque matin, la dé-
taille au public dans une forme que la verve la plus satirique
ne saurait imiter. Si cette société n'était que prodigieusement ridicule, on ne pourrait sans doute rien conclure sûrement contre
elle; mais son arrêt de mort est écrit dans son principe qui est
prodigieusement faux, puisqu'il est l'incroyable négation de toute
liberté et de toute dignité.

Au reste, aujourd'hui l'enceinte de la rue Monsigny semble emportée hors de terre dans les espaces imaginaires ; le pape, assis dans son fauteuil d'or, pousse l'impiété envers Dieu et envers les hommes jusqu'à se faire publiquement adorer par son prédicateur d'office, M. Barrault ; puis, comme lassé de cette vie sur-humaine, il laisse tomber une plainte amère sur cette grandeur solitaire à laquelle sa destinée le condamne, et envoie ses chambellans parmi les villes et les provinces quêter cette femme que son cœur appelle, et lui amener enfin une compagne digne de lui et de sa fortune.

M. Bazard s'est posé de son côté comme successeur de Saint-Simon et chef d'une hiérarchie nouvelle ; mais la société réunie autour de lui est encore sans organe et paraît peu considérable. Il prétend, comme M. Enfantin, posséder la loi définitive ; mais sa théorie religieuse est pour nous en partie dans l'ombre. Dans un livre imprimé depuis un an il s'écartait assez peu de l'organisation catholique du pouvoir absolu, et, dans un dernier travail, il a fait connaître ses idées sur le mariage. La solution générale de tous les termes de la grande série humanitaire et l'idée métaphysique sur laquelle elle s'appuie doivent être prochainement exposées par ce philosophe, et permettront alors au jugement de se fixer sur les fragmens séparés de l'ensemble et publiés isolément.

M. Rodrigues, ancien disciple de Saint-Simon, et qui lors de la dissolution de la société avait quitté ses affaires financières pour s'unir à M. Enfantin et lui donner un nouveau sacre, en le déclarant l'homme le plus moral de l'humanité et l'héritier légitime du révélateur, a de nouveau brisé les liens hiérarchiques pour accomplir plus à son aise ses grands projets de Charlemagne industriel et de Moïse pacifique ; c'est le troisième prétendant à la direction suprême de l'humanité. Heureusement l'humanité n'est point tenue de choisir.

Quant à nous qui ne croyons ni à la légitimité nouvelle,

ni à la légitimité catholique, nous ne nous détournerons pas de la grande ligne du mouvement humain pour nous soumettre à la règle d'un nom : il ne nous importe ni de le soustraire à ceux qui le couvrent d'une souillure imméritée, ni de nous en emparer pour en faire une formule à la bannière de l'avenir.

Les grands hommes sont les grands initiateurs, et c'est leur destinée que de voir leur nom tomber au domaine public. Les plus sales empereurs ont revêtu le nom de César, et les jésuites se sont parés de celui de Jésus ; mais César et Jésus étaient au-dessus de telles atteintes, leurs noms ont dominé l'infamie et sont demeurés glorieux et purs.

Aujourd'hui l'humanité a conscience de son progrès et de sa dignité, et, pour faire honneur à ses grands hommes, elle n'a plus besoin de les élever dans les régions du ciel et de se prosterner dans la poussière de leurs trônes ; elle n'est plus réduite à leur donner l'exil pour récompense, et la chaste louange de l'histoire remplace les adulations et les mensonges de l'apothéose et de la canonisation. L'humanité a compris qu'en elle est l'origine de toute inspiration pour les sages, et que, si elle reçoit d'eux quelque richesse, c'est qu'elle leur donne en échange tout l'héritage des tems passés. L'humanité, période de la pensée éternelle, se déroule sans relâche dans le sein de l'être infini, et n'est l'œuvre de personne : ni Bouddha, ni Jésus, ni Mahomet ne l'ont faite ce qu'elle est, et elle se sent aujourd'hui trop de majesté pour s'humilier devant un homme et se vêtir de la livrée de son nom.

La carrière du progrès est ouverte à tous ceux qui sentent une force se dresser en leur esprit pour lutter contre les ténèbres qui couvrent encore la face du monde, à tous ceux qui entendent retentir en leur cœur un long écho de cette vaste plainte qui du sein de l'humanité monte incessamment vers le ciel, et qui voient l'espoir d'un meilleur avenir se lever en leur ame, comme un soleil nouveau qui chasse devant lui l'humide brouillard et les fantômes glacés de la nuit. Les fruits de l'automne sont aussi les semences du printems ; à nous de cultiver ce que nous a légué le génie de nos pères, nos enfans moissonneront un jour.

Éverat, Imprimeur, rue du Cadran, n° 16.